AF393145

ERFOLGREICHE MEETINGS

Tipps zur Abhaltung effizienter Meetings

Verfasst von Florence Schandeler

Übersetzt von Julia Buchrieser

Für die Arbeitswelt · 50MINUTEN.de

ERFOLGREICHE MEETINGS

- **Ziel:** effiziente Meetings abhalten, die zu richtigen Entscheidungen führen
- **Anwendung:** In der Berufswelt sind Meetings häufig notwendig, um zu informieren, etwas zu besprechen oder um Entscheidungen zu treffen. Daher ist es wichtig, diese gut zu planen, um die gewünschten Ergebnisse zu erzielen.
- **FAQ:**
  - Muss ich das Meeting wirklich planen?
  - Welches Material muss ich vorbereiten?
  - Wen sollte ich einladen und wie viele Teilnehmer?
  - Wie soll ich mit der Zeit umgehen? Wie lange sollte das Meeting dauern?
  - Was kann ich tun, damit alle aktiv teilnehmen?

In der Arbeitswelt muss fast jeder Mensch früher oder später einmal eine Besprechung abhalten. In diesem praktischen Guide wird versucht, kurz und prägnant die Fragen zu beantworten, die sich in dieser Situation stellen.

Es gibt zahlreiche Gründe für den Austausch und die Zusammenarbeit mit Kollegen: Weitergabe von Informationen, Abhaltung einer Fortbildung, Besprechungen mit Geschäftspartnern, Problemanalyse, Abstimmungen über firmeninterne Veränderungen etc. Dafür können E-Mails ausgetauscht, Einzelgespräche mit den betreffenden Personen geführt oder sich um einen Tisch versammelt werden, um ein Problem zu diskutieren oder ein gemeinsames Ziel festzulegen.

Das Meeting gilt meist als effizientestes Kommunikationsmittel, um firmeninterne Fortbildungen abzuhalten, Entscheidungen zu treffen oder um sich die allgemeine Meinung anzuhören. Allerdings ist durch die Anwesenheit von unterschiedlichen Personen darauf zu achten, dass es nicht zu langwierig wird oder die

Diskussion abschweift.

Daher ist es wichtig, den Teilnehmern von der Vorbereitung bis hin zum Protokoll des Gesprächs einen allgemeinen Rahmen zu bieten, damit das Meeting erfolgreich verläuft. In diesem Booklet wird diese Arbeit in drei Punkte gegliedert, die sich an den drei Phasen eines Meetings orientieren: Vorbereitung, Moderation und Zusammenfassung. Folgende Aspekte werden dabei geklärt: die Festlegung der Tagesordnung, die Entwicklung von Zielen in klaren und präzisen Worten, das Kommunikationsmanagement unter den Teilnehmern, die Schlussfolgerung am Ende des Gesprächs, um die Auswirkungen der getroffenen Entscheidungen festzustellen und die Vorgehensweise zu beurteilen.

MODERATION EINES MEETINGS: DIE GRUNDLAGEN

DREI PHASEN EINES ERFOLGREICHEN MEETINGS

- Ziele entwickeln und festlegen
- animieren und agieren (Entscheidungen treffen)
- Bericht erstellen und Ergebnisse vermitteln

VORBEREITUNG DES MEETINGS

Tagesordnung festlegen

Um zu verhindern, dass das Meeting ein freundschaftliches Treffen unter Kollegen wird, sollte es ernsthaft geplant werden. Dafür ist die Festlegung der Tagesordnung und die Formulierung von Zielen unerlässlich.

Unter „Tagesordnung" wird im Allgemeinen ein Arbeitsplan für das Meeting verstanden, der meist auf schriftlichem Weg versendet wird, um zu vermeiden, dass sie vergessen wird oder Missverständnisse entstehen, und um dem Gespräch einen formellen Rahmen zu geben. Die Tagesordnung geht vorab an alle Teilnehmer, allerdings sollte sich nicht zu früh versendet werden, da sie dadurch in Vergessenheit geraten könnte. Im Allgemeinen reichen vier Tage vor dem Meeting aus, damit alle genug Zeit haben, sie zur Kenntnis zu nehmen.

Der Arbeitsplan beinhaltet alle praktischen Informationen wie Datum, Beginn und Ende des Meetings, mögliche Informationen über Pausen und Mahlzeiten, Raum und Teilnehmerliste. Zudem sind auf dieser Liste die zu besprechenden Themen zu finden, damit die Teilnehmer im Vorfeld darüber nachdenken und sich am Meeting bzw. an der Diskussion aktiv beteiligen können.

Ziele festlegen und Motivation wecken

Um die in der Gruppe zu erledigende Arbeit konkret und greifbar zu machen, müssen klare und präzise Ziele formuliert werden, die alle Teilnehmer am Ende des Meetings erfüllen können sollten.

Diese Ziele sollten die folgenden Eigenschaften aufweisen:

- realisierbar: Die Mittel und Ressourcen der Gruppe sowie die Herausforderungen, mit denen die Gruppe konfrontiert werden könnte, sollten berücksichtigt werden.
- messbar: Die Ergebnisse sollten auswertbar sein. Dafür ist es notwendig, klare und präzise Kriterien aufzustellen, um später feststellen

zu können, ob das Ziel erreicht wurde.

- nützlich: Damit sich die Gruppe für das festgelegte Ziel engagiert, sollte sie erkennen, welcher Zweck damit verfolgt wird. Eine prägnante, konkrete Formulierung des Zieles sollte das Interesse zur Durchführung des Projektes wecken.
- reizvoll: Das Ziel sollte die Lust der Teilnehmer wecken, sich aktiv für seine Erreichung einzusetzen. Tatsächlich ist ein als gemeinsam wahrgenommenes Ziel wichtig dafür, dass die Gruppe sich selbst als solche sieht und gemeinsam agiert. Man sollte sich allerdings auch im Klaren darüber sein, dass die Gruppe aus unterschiedlichen Personen mit verschiedenen Meinungen und Erwartungen besteht. Damit sich diese Personen für die Erreichung des gemeinsamen Ziels zusammenschließen und ihm Zeit und Energie widmen bzw. auch eigene Vorstellungen dafür opfern, dürfen ihre unterschiedlichen Interessen und Bestrebungen nicht vergessen werden.
- zeitlich begrenzt: Es sollte unbedingt eine Frist für die Umsetzung der geforderten Aufgabe gesetzt werden, da es sonst unmöglich wird, die Handlungen der Teilnehmer zu

koordinieren und die Motivation der Gruppe aufrechtzuerhalten.

Versuchen Sie nicht, zu viel zu tun. Es ist besser, ein konkretes, realistisches und bewertbares Ziel zu erreichen, als alle Themen nacheinander behandeln zu wollen, sodass es am Ende des Meetings kein greifbares Ergebnis gibt. Denn es ist für die Erhaltung von Vertrauen und Motivation der Gruppe von großer Bedeutung, dass den Teilnehmern auf objektive Weise gezeigt werden kann, dass sie bei ihrem Projekt Fortschritte gemacht und somit keine Zeit mit leeren Worten verschwendet haben.

<u>BEISPIELE FÜR DIE ZIELE EINES MEETINGS (AUSZUG AUS EINER TAGESORDNUNG EINES BELGISCHEN SCHULVERBANDS)</u>

- Korrekturlesen und Anpassung der internen Richtlinien
- Gemeinsamer Aufbau eines interdisziplinären Lernprojektes
- Gemeinsame Definition der Rolle des individuellen Lernweges
- Definition des Verfahrens zur Begleitung

von Kindern mit Lernschwierigkeiten
* Information über die Reformen der Beobachtungsstufe

Die Rolle der Beteiligten identifizieren

Eine festgelegte Struktur, die innerhalb der Gruppe eine oder mehrere Person(en) als Leiter vorsieht, ist eine wichtige Bedingung für den Zusammenhalt und gibt allen Teilnehmern Spielraum zum Sprechen und Handeln.

Der Moderator ist der Leiter der Gruppe. Allerdings besitzt er keinen höheren Status als die anderen wie etwa ein Direktor gegenüber Angestellten oder ein Lehrer gegenüber Schülern. Dem Moderator wird von der Gruppe im zeitlich und räumlich genau begrenzten Rahmen des Meetings eine bestimmte Autorität verliehen, die notwendig für die Durchführung des Meetings ist. Er hilft der Gruppe, den Austausch zu erleichtern, Ziele zu bestimmen und die Effizienz der gemeinsamen Arbeit zu fördern.

Der Moderator sollte zuerst daran erinnern, was die Gruppenmitglieder vereint: Das Meeting wird abgehalten, um ein bestimmtes Ziel zu erreichen. Das sollte er erklären und sich des Verständnisses der Teilnehmer versichern. Während des Meetings hat der Moderator die Rolle des Spielleiters inne – er sollte während der Diskussion neutral bleiben, aber die Ideen verwerfen, die für das gemeinsame Ziel nicht förderlich sind. Zu seinen Aufgaben zählt die Befragung der Teilnehmer und die Strukturierung der Diskussion. Die Herausforderung besteht darin, die Gruppe näher an ihr Ziel zu bringen.

- Der Moderator hilft der Gruppe bei der Ordnung der zu erledigenden Aufgaben.
- Er reformuliert und klärt den Sinn der unterschiedlichen Schritte.
- Er fasst die Überlegungen zusammen und stellt sie zueinander in Verbindung.
- Er hilft der Gruppe, Schlussfolgerungen zu ziehen und Entscheidungen zu treffen.

Der Moderator ist außerdem dafür zuständig, dem Meeting einen Rahmen zu geben und diesen beizubehalten. Unter „Rahmen" wird die Gesamtheit der Regeln für den Austausch zwischen den Teilnehmern verstanden. Der Moderator hat also die Rolle des Schiedsrichters inne. Daher sollte er auch genau auf eine der wichtigsten Regeln achten – die Einhaltung des Timings. Er sorgt zudem dafür, dass die Diskussion nicht von den festgelegten Zielen abschweift.

Schlussendlich darf nicht vergessen werden, dass ein Meeting vor allem eine Zusammenkunft ist, also, dass die Anwesenden miteinander in Kontakt treten. Dem Moderator kommt daher die Aufgabe zu, dies anzuleiten, was oft schwieriger ist als gedacht. Es sollte vermieden werden, dass sich zurückhaltende Teilnehmer nicht trauen vor ihren Kollegen zu sprechen, sowie dass die Teilnehmer sich an die Mehrheit anpassen und diese ihren Standpunkt ohne wirkliche Diskussion durchsetzt.

Damit die Zusammenarbeit möglich und erfolgreich wird, sollte der Moderator darauf achten, dass der Austausch zwischen den Teilnehmern respektvoll abläuft und das Meeting im bestmöglichen Ambiente abgehalten wird. Er sollte sich daher bei der Begrüßung der Teilnehmer am Beginn der Zusammenkunft aufmerksam zeigen und ihr Vertrauen gewinnen. Um den ersten Austausch zu erleichtern, sollte er ihnen die

Möglichkeit geben, ihn und auch sich gegenseitig kennenzulernen, wenn das nicht bereits der Fall ist. Der Moderator sollte den Teilnehmern zudem wohlwollend zuhören, allen die Möglichkeit zu sprechen geben, seine Aufmerksamkeit ausgewogen auf alle verteilen, damit sich niemand aus dem Gespräch ausgeschlossen fühlt und die Gesprächsbeiträge jedes einzelnen schätzen.

DIE DREI SCHLÜSSELELEMENTE FÜR DIE ROLLE DES MODERATORS SIND:

- der Vertrag
- der Rahmen
- der Kontakt

Die anderen Teilnehmer sollten sich in die Diskussion einbezogen fühlen, damit sie aktiv daran teilnehmen. Der Moderator erinnert sie an ihre Verantwortlichkeit für den Erfolg oder Misserfolg des Meetings, indem er die Bedeutung des Einzelnen für die Verwirklichung des Ziels unterstreicht. Es ist ebenfalls möglich, die Beiträge der Teilnehmer zu planen, indem explizit nach ihrer Meinung gefragt wird, damit das Meeting von ihrem Fachwissen profitieren kann.

Dafür ist es hilfreich, die möglichen Beiträge jedes Mitarbeiters entsprechend seiner Kenntnisse und Kompetenzen vorher abzuschätzen.

Eine andere Möglichkeit zur Förderung der aktiven Teilnahme der Mitarbeiter besteht in ihrer Einbeziehung während des Meetings, indem ihnen bestimmte Aufgaben anvertraut werden:

- Der Schriftführer notiert die unterschiedlichen Aussagen und fasst den Austausch während des Meetings schriftlich zusammen.
- Der Beobachter achtet auf das Funktionieren der Gruppe und tut am Ende des Meetings seine Meinung über die Art des Austausches und die Einhaltung der Redezeit jedes Teilnehmers kund.
- Der Zeitwächter hat die Aufgabe, auf die Einhaltung der Tagesordnung und des Timings zu achten.

MODERATION DES MEETINGS

In das Meeting einführen

Die ersten fünf bis zehn Minuten des Meetings sind essenziell für seinen weiteren Verlauf.

Zuerst nimmt der Moderator Kontakt zu den Teilnehmern auf, indem er sie begrüßt, sich vorstellt und ihnen seine Aufmerksamkeit schenkt. Diese Phase ist entscheidend für den Aufbau einer austauschfördernden Stimmung. Der Moderator antwortet also implizit auf die folgenden beiden Fragen:

- Wer bin ich?
- Wer sind wir?

Danach greift er das Thema und Ziel des Meetings auf – beide Informationen sind in der Tagesordnung enthalten – und vereinbar mit der Gruppe die Ergebnisse, die sie gemeinsam erreichen sollten. Dieser Schritt hilft bei der Bestimmung des Besprechungszwecks, damit die Teilnehmer die Bedeutung ermessen und sich einbezogen fühlen. Damit wird folgende Frage beantwortet:

- Was werden wir machen?

Zum Abschluss der Einführung präsentiert der Moderator den Rahmen, in dem sich das Gespräch bewegt. Er erklärt die Regeln für Redebeiträge und erinnert an die Beginn- und

Endzeit des Meetings, das möglicherweise durch vorab festgelegte Pausen unterbrochen wird und beantwortet damit folgende Fragen:

- Wie werden wir es machen?
- Mit welchem Timing?

Die Kommunikation leiten

Während des gesamten Meetings leitet der Moderator die Redebeiträge der unterschiedlichen Teilnehmer. Von seiner neutralen Position aus und mithilfe einer wohlwollenden Haltung eröffnet er die Diskussion, beobachtet die Kommunikation und achtet darauf, dass niemand ausgeschlossen wird. Seine Aufgabe besteht darin, dafür zu sorgen, dass die Meinung der Gruppe in ihrer Gesamtheit und Komplexität zu Tage tritt. Er trägt dazu bei, die Gruppe unter Berücksichtigung der Unterschiede zwischen den Teilnehmern zu einer Einheit zu machen. Zudem sollte der Moderator darauf achten, den Rahmen des Meetings aufrechtzuerhalten, die Teilnehmer bei Exkursen zurück auf das eigentliche Thema zu bringen, die Gruppe in Richtung der Verwirklichung des gemeinsamen Zieles zu leiten und die Zeit einzuhalten.

Der Moderator sollte versuchen, die richtige Art zur Führung der Diskussion zu finden und dabei die beiden größten Schwierigkeiten der Gruppenarbeit berücksichtigen:

- die Angst vor dem Sprechen in der Gruppe
- die Tendenz, sich an die Mehrheit anzupassen

Er sollte die Teilnehmer dazu bringen, einander zuzuhören und darauf achten, dass niemand nebenher andere Diskussionen beginnt. Zudem mischt er sich in den Austausch auf eine neutrale Art und Weise ein, wenn Beteiligte unterbrochen werden.

Es besteht die Wahl zwischen der Arbeit mit der gesamten Gruppe oder der Teilung des Teams in kleinere Diskussionsgruppen mit vier bis sechs Personen. Im ersten Fall sollte der Moderator auf die Zeitverteilung der Redebeiträge achten, damit jeder seine Meinung kundtun kann. Dabei kann es helfen, die Schlüsselbegriffe auf einem Blatt neben dem Namen der einzelnen Teilnehmer zu notieren. In letzterem Fall haben es introvertiertere Personen leichter sich auszudrücken. Der Moderator gibt einen bestimmten Zeitraum für die Arbeit in

Kleingruppen vor und bestimmt in jeder Gruppe eine Person als Sprecher, die die während der Diskussion entstandenen Ideen vorstellt. Um das Thema bestmöglich abzuhandeln, sollte es direkt und fragend formuliert werden, beispielsweise „Stellen Sie sich mögliche Lösungsansätze für folgende Probleme vor ...".

Der Moderator formuliert die Ideen der Teilnehmer um und fasst sie mit ihnen gemeinsam zusammen. Dies wird auf einer Tafel oder einem anderen Präsentationsmedium gemacht, damit die Ergebnisse für alle sichtbar werden. Auf diese Art und Weise kann sich jeder mit den Vorschlägen vertraut machen und die in Bezug auf das gemeinsame Ziel effektivsten Ideen auswählen.

Entscheidungen treffen

Das intrinsische Ziel von Meetings, die Entscheidungsfindung, beschließt die Arbeit der Gruppe und ihre Annäherung an das gemeinsame Ziel. Sie steht am Ende eines Prozesses, den man in drei Etappen einteilen kann:

- Lösungsansätze der gesamten Gruppe

- kritische Beleuchtung der Vorschläge
- Entscheidungsfindung entsprechend des festgelegten Ziels

Zunächst achtet der Moderator darauf, dass alle an der Diskussion teilnehmen und Lösungsvorschläge bringen. Wenn diese umformuliert und zusammenfassend aufgeschrieben wurden, sollte sich die Gruppe Gedanken darüber machen, welcher der geeignetste Weg für die Erreichung des Zieles ist.

Entscheidungen können auf unterschiedliche Arten getroffen werden:

- Einstimmigkeit, wenn alle Gruppenmitglieder dieselbe Meinung teilen
- Konsens, wenn sich die Gruppe mit einem Vorschlag einverstanden erklärt, der ihr als am besten für das Ziel geeignet erscheint
- Mehrheitsentscheidung, wenn ein Vorschlag von der Mehrheit der Gruppe unterstützt wird
- Minderheitsentscheidung, wenn ein Vorschlag von einer Minderheit der Gruppe unterstützt wird, die einen höheren Status und damit höhere Entscheidungskraft besitzt

Zusammenfassung zum Abschluss des Meetings

Am Ende des Meetings gibt der Moderator eine Zusammenfassung aller von der Gruppe getroffenen Entscheidungen. Er stellt durch die positive, konkrete Formulierung der zu unternehmenden Schritte sicher, dass alle Teilnehmer im Bilde sind. Um die Ergebnisse greifbar zu machen, legt er die Vorgehensweise dar und beantwortet damit folgende Fragen:

- Wer macht was?
- Wo?
- Wann?
- Wie?
- Warum?

Der Moderator schließt das Zusammentreffen, indem er den Fortschritt der Gruppe unterstreicht und den Teilnehmern für ihre Mitarbeit dankt.

PROTOKOLL DES MEETINGS

Bewertung der Gruppenarbeit

Die Bewertung des Meetings besteht darin,

aus der Zusammenarbeit der Gruppe Bilanz zu ziehen und Verbesserungsmöglichkeiten für die künftige Zusammenarbeit aufzuzeigen. Dieses Vorgehen wirkt womöglich etwas schulisch, allerdings ist es äußerst wichtig, sich über die Arbeit in der Gruppe Gedanken zu machen. Denn dadurch ist es möglich, den Nutzen des Meetings zu bemessen, die Meinung der Teilnehmer zu hören und erneut die Bedeutung der Meinung jedes Einzelnen zu betonen.

Diese Bewertung kann mündlich erfolgen, indem dafür einige Minuten nach Ende des Meetings anberaumt werden. Die Beteiligten werden nach ihrer Zufriedenheit oder Unzufriedenheit gefragt sowie nach Verbesserungsvorschlägen für die Arbeit in der Gruppe. Der Vorteil dieser mündlichen Befragung ist, dass dadurch eine Diskussion unter den Teilnehmern ausgelöst wird, die spontaner ist und möglicherweise mehr Einfluss nimmt als eine schriftliche Befragung. Allerdings kann die Möglichkeit der schriftlichen Evaluierung zu ehrlicheren und objektiveren Antworten führen und mögliche Spannungen bezüglich der jeweiligen Meinungen über bestimmte Probleme vermeiden.

Eine andere Möglichkeit, die zusätzlich zu einer ersten mündlichen oder schriftlichen Rückmeldung angewendet werden kann, ist, die Teilnehmer zu bitten, ihr Schlusswort (danke, Challenge, los geht's etc.) auf einen Klebezettel zu schreiben. Dadurch teilen sie eine letzte Empfindung mit der Gruppe und der Moderator kann den allgemeinen Gemütszustand am Ende des Meetings bewerten.

Zudem ist es sinnvoll, wenn der Moderator ebenfalls sein eigenes Vorgehen hinterfragt, um seine Vorgehensweise zu verbessern. Er könnte sich folgende Fragen stellen:

- Hat die Gruppe Fortschritte in Richtung des Ziels gemacht? Hat sie Entscheidungen getroffen?
- Was habe ich aus der Leitung dieses Meetings gelernt?
- Wie habe ich der Gruppe geholfen? Wodurch habe ich zur Verwirklichung des Zieles beigetragen?

Das Protokoll des Meetings kommunizieren

Wie das Sprichwort „Gesprochenes verfliegt, Geschriebenes bleibt" besagt, ist es wichtig, eine schriftliche Aufzeichnung der Diskussion und der getroffenen Entscheidungen anzufertigen. Es gibt zwei Dokumenttypen, die sich zur Formalisierung der Daten eignen:

- Protokoll: Dieses wird verfasst, um den Diskussionsprozess festzuhalten. Es werden die konkreten Informationen über das Meeting wie Datum, Uhrzeit und Teilnehmer sowie das verfolgte Ziel, die besprochenen Probleme, Einigkeiten, Uneinigkeiten, getroffene Entscheidungen und noch zu lösende Probleme aufgenommen.
- Bericht: Dieses Dokument nimmt das Ergebnis des Meetings wieder auf, sodass die Gruppe ihre Schlussfolgerungen darin wiederfinden sollte. Zudem enthält es Empfehlungen für eine Reihe von zu erledigenden Aufgaben zur Erreichung des festgelegten Ziels.

Diese Dokumente werden vom Schriftführer des Meetings angefertigt – das kann auch der

Moderator sein –, der nicht in die Diskussion eingebunden ist, um den Dokumenten einen unparteiischen Charakter zu geben. Der Schriftführer sollte gut zuhören können und einen Sinn für Zusammenhänge haben, um sich auf das Wesentliche konzentrieren und Meinungen von Fakten unterscheiden zu können. Er nimmt seine Notizen, eventuell an die Teilnehmer verteilte Dokumente und seine Beobachtungen als Ausgangspunkt für seine Arbeit.

Wenn diese Arbeit erledigt ist, sollte sichergestellt werden, dass die unterschiedlichen Beteiligten die in der Gruppe besprochenen Aufgaben erledigen.

TOP TIPPS

- Bereiten Sie sich auf die Rolle als Moderator vor. Die Vorbereitung eines Meetings ist essenziell für dessen reibungslosen Ablauf. Das Meeting nicht oder nur ungenügend vorzubereiten ist kontraproduktiv für Sie selbst ebenso wie für die Teilnehmer. Sie sollten bestens Bescheid wissen in Bezug auf die besprochenen Themen, passendes Material dafür vorbereitet haben und am Tag X ausgeruht sein. Eine Gruppe zu leiten ist tatsächlich eine Tätigkeit, die viel Aufmerksamkeit und Energie erfordert.

ZUSATZINFORMATION

Jeder hat seine eigene Methode, um mit Stress umzugehen. Wenn Sie sich jedoch keine Ruhe verschaffen können, keine beruhigende Musik Ihre Angst vertreibt und auch die Vorstellung der Teilnehmer in Unterwäsche nichts hilft, können Sie die Methode der Sophrologie anwenden: Konzentrieren Sie sich auf Ihre Atmung.

Schließen Sie die Augen, legen Sie eine Hand auf Ihren Bauch und atmen Sie tief in den Bauch ein. Halten Sie den Atem einige Sekunden lang an und atmen Sie anschließend so langsam wie möglich aus. Diese Übung hilft Ihnen, sich auf sich selbst zu konzentrieren, indem Sie sich Ihres Körpers bewusst werden, relativieren und sich entspannen.

- Platzieren Sie die Teilnehmer angemessen. Sie können die Tische auf unterschiedliche Weise anordnen. Alle Beteiligten um einen großen Tisch zu versammeln ist ideal für ein langes Meeting und Gruppen unter 15 Personen. Ein runder Tisch fördert zudem den Austausch, ist allerdings nur für sechs bis zehn Personen geeignet. Die Tische in U-Form aufzustellen ist ideal für ein pädagogisches Meeting, bei dem der Moderator viel Input gibt.
- Beginnen Sie das Meeting mit einem informellen Austausch, um mithilfe von Techniken zur Gruppenanimation das Eis zu brechen.

Techniken zur Gruppenanimation (Vorschläge eines belgischen Schulverbands)

- Wetterkarte als Stimmungsanzeiger
  - Ziel des Teilnehmers: sich vor Publikum sprechen zu trauen, indem er eine Information mit der gesamten Gruppe teilt und sich vorstellt
  - Ziel des Moderators: die Stimmung der Gruppe erkennen, den Motivationsgrad durch die Anwesenheit der Teilnehmer bestimmen, mögliche Spannungen feststellen etc.
  - Anweisung: Der Moderator zeigt einige typische Symbole aus dem Wetterbericht, wie beispielsweise Wolken, Sonne, Gewitterwolke, und bittet die Teilnehmer, sich ein Bild auszusuchen, das ihrem derzeitigen Gemütszustand entspricht.

- Gegenseitiges Vorstellen
  - Ziel des Teilnehmers: sich trauen, mit seinem noch unbekannten Nachbarn ein Gespräch zu beginnen und vor der Gruppe zu sprechen sowie eine

Information zu vermitteln

- Ziel des Moderators: sich vorstellen und Erstkontakt zur Gruppe aufzunehmen, eine Möglichkeit des Gruppenzusammenhalts schaffen, indem die Teilnehmer gebeten werden, untereinander ins Gespräch zu kommen.

- Anweisung: Der Moderator gibt den Teilnehmern einen Fragebogen mit ungefähr zwanzig Fragen, die sich am Fragebogen von Proust (ursprünglich englischer Fragebogen über Gedanken, Gefühle, Wünsche etc., der durch die Antworten von Marcel Proust [1871-1922] um 1890 bekannt wurde) orientieren. Der Moderator bittet die Teilnehmer anschließend zu zweit drei Fragen auszuwählen, auf die sie antworten möchten. Jeder Teilnehmer hört sich die Antwort seines Partners an und versucht, nichts von dem Gesagten aufzuschreiben. Schließlich soll jede Person ihren Partner anhand der gewählten Fragen und gegebenen Antworten vorstellen. Danach macht der Moderator ein Debriefing dieser Aktivität und fragt, wie den Teilnehmern die Übung gefallen hat und was sie über ihren Nachbarn gelernt haben.

- Gehen Sie entschlossen gegen Regelverstöße vor. Sie sind vor Konflikten und unangenehmen Teilnehmern nicht gefeit. Rufen Sie die Teilnehmer in so einem Fall zur Ordnung, indem Sie an die Abmachungen erinnern „Wir sind hier, um das Ziel gemeinsam zu erreichen." Wenn es sich um einen Konflikt zwischen zwei Teilnehmern handelt, können Sie die Diskussion wieder auf das Ziel lenken. Sollte sich Ihnen ein Teilnehmer widersetzen, hören Sie ihm zu und fragen Sie nach seinen Änderungsvorschlägen, halten sich jedoch strikt an den Rahmen. Es ist möglich, dass sich ein Teilnehmer Ihrer Autorität nicht unterstellen möchte – in diesem Fall sollten Sie ihn daran erinnern, dass die Rolle des Moderators nicht darin besteht, den Gendarmen zu spielen, sondern der Gruppe beim Vorankommen zu helfen. Im Fall von zu großen Spannungen können Sie eine fünfminütige Pause einlegen, damit alle etwas Abstand gewinnen können

und sich die unterschiedlichen Parteien be-
ruhigen können, um dann auf einer anderen
Basis fortzufahren.

ZU VERMEIDEN

Vermeiden Sie es zur Schaffung von guten
Arbeitsbedingungen im Rahmen des
Möglichen, Meetings zu einem Zeitpunkt
anzusetzen, an dem der Input der
Teilnehmer schwach sein könnte, beispielsweise nach dem Mittagessen, wo man sich
oft müde fühlt, oder am Freitagnachmittag,
wo jeder nur noch nachhause und in das
Wochenende starten möchte.

Kümmern Sie sich um eine PowerPoint-
Präsentation. Diese kann ein wertvolles
Hilfsmittel für die Diskussion darstellen – allerdings sollten dafür einige Regeln eingehalten
werden. Die Texte auf den Folien sollten so
knapp wie möglich sein. Pro Folie sollte nur ein
Thema und nicht mehr als sechs bis sieben Zeilen
à maximal sechs bis sieben Wörter aufgenommen werden, die Folie mit der Tagesordnung
ausgenommen. Zeigen Sie, wenn möglich,

Abbildungen zur Unterstützung Ihrer Ideen, anstatt lange Sätze zu schreiben. Zudem sollten Sie daran denken, Ihre Präsentation an Ihr Publikum anzupassen – achten Sie vor allem auf die verwendete Sprache und die Formalität der Präsentation. Ein Quäntchen Humor ist zudem unabhängig des Kontexts nie verkehrt, um die gute Stimmung zu erhalten.

FAQ

MUSS ICH DAS MEETING WIRKLICH PLANEN?

Meetings erfordern ein bestimmtes Maß an Organisation, da sich für sie verschiedene Akteure in einem eigens dafür reservierten Raum versammeln. Zudem müssen die Teilnehmer für eine bestimmte Zeitspanne ihre Arbeit niederlegen, was Kosten für das Unternehmen mit sich bringt. Vor der Organisation eines Meetings sollte daher die Frage nach der Notwendigkeit gestellt werden, da auch andere Kommunikationsmittel existieren, beispielsweise E-Mails, Videokonferenzen oder Einzelgespräche mit den betreffenden Personen. Ein Meeting sollte nur dann anberaumt werden, wenn es das effizienteste Mittel zur Erreichung des Ziels ist. Aus diesem Grund sollte man sich fragen, ob es möglich ist, ohne Meeting zum selben Ergebnis zu kommen.

WELCHES MATERIAL MUSS ICH VORBEREITEN?

Nachdem die Tagesordnung festgelegt und an die Teilnehmer versendet wurde, sammelt der Moderator das für einen reibungslosen Ablauf des Meetings notwendige Material. Er entwickelt einen Ablaufplan, kopiert die an die Teilnehmer auszugebenden Dokumente, die vor allem das Ziel des Meetings und die besprochenen Themen beinhalten, bereitet im Falle der Notwendigkeit eine PowerPoint-Präsentation vor, um der Gruppe die geforderten Informationen zu präsentieren und informiert sich über die Verfügbarkeit eines Projektors und/oder einer Tafel (Kreiden oder Stifte vorbereiten) im jeweiligen Raum, um die aus der Diskussion hervorgehenden Ideen sammeln zu können. Zudem kann sich der Moderator eine Uhr oder einen Wecker bereitstellen, um besser auf die Einhaltung des Zeitplans achten zu können.

WEN SOLLTE ICH EINLADEN UND WIE VIELE TEILNEHMER?

Zweifellos werden die Leitung der Diskussion sowie die Entscheidungsfindung schwieriger, je mehr Teilnehmer eingeladen sind. Es ist daher ratsam, nur die Personen einzuladen, die direkt an der Erreichung des Ziels beteiligt sind. Personen, die kein Interesse am behandelten Thema haben und sich möglicherweise nicht einbringen werden, sowie Personen, die für diese Arbeit keine Kompetenz besitzen, sollten nicht eingeladen werden.

Fünf bis fünfzehn Personen ist eine optimale Anzahl für ein effizientes Meeting (bei weniger Teilnehmern handelt es sich um ein eingeschränktes, informelles Meeting, das keine genaue Planung erfordert). Bei dieser Größe ist das Management der Redebeiträge leichter, da dem Moderator besonders schweigsame und besonders gesprächige Teilnehmer schnell auffallen. Zudem fühlen sich die Teilnehmer wohler und werden dadurch eher ihre Meinung kundtun. Bei mehr als fünfzehn Personen entsteht eine große Gruppe, die schwieriger zu führen ist.

Dabei sollten andere Moderationstechniken zum Einsatz kommen, indem die Teilnehmer in kleine Arbeitsgruppen aufgeteilt werden, damit jeder an der Diskussion teilnehmen kann.

WIE SOLL ICH MIT DER ZEIT UMGEHEN? WIE LANGE SOLLTE DAS MEETING DAUERN?

Der Moderator sollte sich genau an den Zeitplan halten. Einerseits, weil es sich dabei um den ersten Punkt der Abmachung mit den Teilnehmern handelt und ihm Glaubwürdigkeit verleiht. Und andererseits, weil im Falle eines verspäteten Beginns wegen fehlender Teilnehmer und eines dadurch ebenfalls verspäteten Endes vermutlich einige Teilnehmer früher gehen müssen, weil sie zum Zug oder ihre Kinder abholen müssen. Daher sollte gewissenhaft auf den anberaumten Zeitrahmen geachtet werden. Rechtzeitig zu beginnen und aufzuhören ist der erste Schritt zu ernsthafter und effizienter Arbeit.

Allerdings sollte der Moderator in der Lage sein, damit umzugehen, wenn Teilnehmer zu spät kommen, da immer etwas Unvorhergesehenes passieren kann. Er sollte versuchen, sie wohlwollend und unter Berücksichtigung ihrer Verspätung in die Diskussion einzubeziehen.

Die Gesamtdauer des Meetings hängt vor allem vom Ausmaß der Aufgaben auf der Tagesordnung ab. Sollte das Meeting mehr als zwei Stunden dauern, wird empfohlen, nach eineinhalb bis zwei Stunden eine fünfzehnminütige Pause einzulegen. Diese Erholung ist notwendig, um die Gruppendynamik und die Produktivität aufrechtzuerhalten. Die eingeplante Pausenzeit, die im Vorhinein in der Tagesordnung des Meetings bekanntgegeben wird, sollte eingehalten werden.

WAS KANN ICH TUN, DAMIT ALLE AKTIV TEILNEHMEN?

Vor der Beantwortung dieser Frage ist eine Präzisierung notwendig. Der Moderator ist keinesfalls der einzige Verantwortliche für den Erfolg oder Misserfolg des Meetings und sollte niemanden dazu bringen wollen, gegen seinen Willen mitzuarbeiten. Der Reifegrad, von dem der aktive Austausch abhängt, und die Laune der Gruppe sowie der einzelnen Teilnehmer sind Elemente, auf die der Moderator keinen Einfluss hat.

Allerdings kann er bestimmte Maßnahmen ergreifen, um die Motivation für die zu erledigende Aufgabe zu stärken:

- Er sollte von der ersten Sekunde des Meetings an die Notwendigkeit der Erreichung des festgelegten Zieles für die Gruppe und jeden Einzelnen aufzeigen.
- Der Moderator sollte durch materielle Voraussetzungen (großer, durchlüfteter Raum, notwendiges Material zur Verfügung stellen etc.) und wohlwollendes Zuhören für eine gute Arbeitsatmosphäre sorgen. Zudem sollte er einen Raum schaffen, in dem die Teilnehmer Vertrauen fassen und sich frei ausdrücken können.

SCHON GEWUSST?

Der Psychologe Abraham Maslow (1908-1970) hat eine Pyramide entwickelt, die die Hierarchie der Bedürfnisse des Menschen darstellt. Seiner Theorie zufolge will der

Mensch fünf Grundbedürfnisse befriedigen. Um ein Bedürfnis an der Spitze der Pyramide befriedigen zu können, muss zuerst den weiter unten angelegten Bedürfnissen nachgekommen werden.

Die Bedürfnispyramide

Diese Theorie zeigt, wie wichtig es ist, dass sich die Teilnehmer wohlfühlen, um aktiv mitarbeiten und sich in die Gruppe integrieren zu können. Zudem zeigt die Pyramide, dass es unerlässlich ist, auf die physiologischen Bedürfnisse der Menschen einzugehen und Pausen zu machen.

JETZT SIND SIE GEFRAGT!

TO-DO-LISTE FÜR DIE ORGANISATION UND BEWERTUNG DES MEETINGS

1. Vorbereitung des Meetings:

- Tagesordnung festlegen
- Teilnehmerliste mit Kontaktdaten anfertigen
- Tagesordnung an die Teilnehmer senden
- Ablaufplan für das Meeting und die notwendigen Dokumente vorbereiten
- Präsentationsmedium vorbereiten
- Dokumente für die Teilnehmer anfertigen und kopieren

2. Zusammenfassung des Meetings:

- Protokoll/Bericht des Meetings verfassen
- Protokoll/Bericht an die Teilnehmer senden
- sicherstellen, dass die im Meeting beschlossenen Vorhaben von den verschiedenen

Akteuren durchgeführt werden

BEISPIEL FÜR DIE TAGESORDNUNG

Tagesordnung

Datum: Dauer: von___bis___	Teilnehmerliste • • •	Ort:
Ziel des Meetings: **Zu behandelnde Themen:** • • •		

© **50**MINUTEN.de

Ablaufplan

ZEIT	*8:30-8:45*	8:45-9:30	...
THEMA	Empfang der Teilnehmer und Erklärung der Tagesordnung		
REDNER	Moderatoren		
ZU SPEZIFIZIEREN	– sich des Verständnisses der Tagesordnung versichern – die Teilnehmer nach Unklarheiten fragen		
ZU TREFFENDE ENTSCHEIDUNGEN	/		

Handlungsplan

BETREFFENDE HANDLUNG	WER?	WIE? Notwendige Mittel	DEADLINE

© **50**MINUTEN.de

Ihre Meinung ist uns wichtig!
Hinterlassen Sie doch einen Kommentar auf der
Seite unserer Online-Buchhandlung
und teilen Sie Ihre Favoriten in den sozialen
Netzwerken!

DARÜBER HINAUS

LITERATURVERZEICHNIS

- Aubry, Jean-Marie: *Dynamique des groupes.* Les éditions de l'Homme: Kanada 2004.
- Coqueret, André: *Comment diriger une réunion.* Le Centurion: Paris 1970.
- Charles, René; Williame, Christine: *La communication orale.* Reihe Repères pratiques. Nathan: Paris 2010.
- Guere, Jean-Pierre; Stern, Patrice: *Faciliter la communication de groupe.* Éditions d'Organisation: Paris 2002.
- Laine, Sylvie: *Guide pratique d'entraînement à la conduite de réunion.* Les éditions Demos: Paris 2003.
- Maccio, Charles: *Guide de l'animateur de groupes.* Chronique Social: Lyon 2002.
- Mucchielli, Roger: *La conduite des réunions.* Les éditions ESF: Issy-les-Moulineaux 2000.
- Quaranta, Michel: *Comment animer un groupe.* Les éditions Quebecor: Outremont (Quebec) 2003.

- Wesenfelder, Ralf: *50 trucs pour réussir une réunion*. Éditions d'Organisation: Paris 1982.

WEITERFÜHRENDE LITERATUR

- *Cubelix:* „Endlich effiziente Meetings abhalten – diese 8 Tipps helfen dabei". *Blog. Arbeiten.* (15.02.2018). https://cubelix.de/blog/arbeiten/endlich-effiziente-meetings-abhalten-diese-8-tipps-helfen-dabei (14.09.2019).
- Mai, Jochen: „Meeting – 13 Tipps für bessere Meetings und Besprechungen". *Karrierbibel. de.* (05.08.2019). https://karrierebibel.de/meeting-tipps/ (14.09.2019).
- Meyer, Maren: „So werden Meetings nicht zur Qual". *Sitzungsmanagement. Bilanz.ch.* (18.10.2018). https://www.bilanz.ch/management/so-werden-meetings-nicht-zur-qual (14.09.2019).

MEHR AUF 50MINUTEN.DE

- Bronckart, Véronique: *Der Vorteil von kollektiver Intelligenz. Tipps für das optimale Ausschöpfen der Kompetenzen Ihres Teams.* Aus dem Französischen von Leonie Kremer. Plurilingua Publishing: Brüssel 2019.

- Lecomte, Miguël: *Kreatives Mindmapping. Methoden zum kreativen Erstellen praktischer Mindmaps.* Aus dem Französischen von Mareike Lobeck. Plurilingua Publishing: Brüssel 2019.

- Peiffer, Christophe: *Erfolgreich überzeugen. Methoden für eine gelungene und überzeugende Argumentation.* Aus dem Französischen von Mareike Lobeck. Plurilingua Publishing: Brüssel 2019.

- Florence Schandeler: *Erfolgreich verhandeln. Tipps für faire Verhandlungen mit zufriedenstellendem Ergebnis.* Aus dem Französischen von Mareike Lobeck. Plurilingua Publishing: Brüssel 2019.

- Zinque, Nicolas: *Effizientes Brainstorming. Tipps für Organisation und Durchführung von erfolgreichem Brainstorming.* Aus dem Französischen von Mareike Lobeck. Plurilingua Publishing: Brüssel 2019.

50MINUTEN.de

Geschichte
Business
Für die Arbeitswelt
Non-Fiction kompakt
Gesundheit & Wellness
Kunst und Literatur

DAS PARETO-PRINZIP
DAS CANVAS-BUSINESSMODELL
DIE SWOT-ANALYSE

SCHMÖKERN
SIE SICH SCHLAU!

www.50Minuten.de

www.50Minuten.de

ISBN digitale Ausgabe: 9782808021449

ISBN gedruckte Ausgabe: 9782808021456

Pflichtexemplar: D/2019/12603/226

Cover: © Plurilingua

Digitale Aufbereitung: Primento, der digitale Partner der Herausgeber